CUPCAKE QUEEN

LV·Buch Wir lieben das Landleben.

ANA LAURA
MÜHLE BRAGA

CUP CAKE QUEEN

ANAS
GRANDIOSE REZEPTIDEEN

Entstehungsgeschichte

Backen war schon immer meine Leidenschaft. Bereits als 8-Jährige habe ich eigene Kreationen gezaubert, die meistens nur mir selbst schmeckten. Ich habe es geliebt, Zutaten zusammenzumixen, Neues zu schaffen und auszuprobieren. Als ich das erste Mal in Amerika Urlaub machte, entdeckte ich sie: Cupcakes. Ich war fasziniert von diesen wunderschönen kleinen Küchlein und wollte sie sofort probieren. Seit dieser Erfahrung bin ich ein wahrer Fan von Cupcakes. Sie sehen nicht nur wunderschön aus, sondern schmecken einfach himmlisch. In Deutschland jedoch waren Cupcakes damals noch nicht bekannt und ich besorgte mir Rezepte aus dem Internet. Ich testete unglaublich viele verschiedene Rezepte und das brachte nicht nur mir Spaß, auch meine Familie freute sich über die vielen Leckereien. Mittlerweile sind Cupcakes auch in Deutschland bekannt, jedoch gibt es auch viele Möchtegern-Cupcakes auf dem Markt. Ich blieb bei „echt" amerikanischen Rezepten. Während Gleichaltrige Romane und Fantasygeschichten lasen, stöberte ich mich durch unzählige Backbücher. Dieses Buch ist ein Stück weit ein Traum für mich. Cupcakes sind meine Leidenschaft und ich liebe es, andere mit meinen Backkünsten zu beglücken. Jeder Cupcake ist wie ein kleines Stück Himmel auf Erden. Ich hoffe, ich kann auch Ihnen dieses Gefühl vermitteln, und wünsche Ihnen viel Erfolg und vor allem Spaß beim Backen!

REZEPTE

TIPPS UND TRICKS

DER TEIG

Der Teig für die Cupcakes ist sehr viel süßer als gewöhnlicher Muffinteig. Frisch zubereitet ist er locker und luftig. Cupcakes können im Kühlschrank gelagert werden, sollten jedoch nach spätestens drei Tagen aufgegessen werden.

DAS FROSTING

Das Frosting bzw. Topping des Cupcakes ist das Markenzeichen der Törtchen. Die Grundzutaten sind immer zimmerwarme Butter und Puderzucker. Je nach Rezept werden weitere Zutaten und Aromen ergänzt. Dieses Buch enthält viele verschiedene Toppings, die gerne auch ausgetauscht werden können.

DIE DEKORATION

Beim Dekorieren der Cupcakes sind der Fantasie keine Grenzen gesetzt. Sie können alles verwenden. Von Schokoraspel über Mini-Marshmellows bis Zuckerperlen. Achten Sie nur darauf, dass die Deko nicht zu schwer oder feucht ist, da das Frosting sonst vom Cupcake rutschen kann.

HILFSMITTEL UND UTENSILIEN

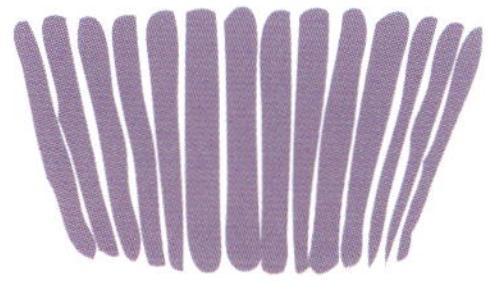

PAPIERFÖRMCHEN

In die Papierförmchen wird der Teig für die „Basis“ der Cupcakes gefüllt. Umso stabiler die Förmchen, desto höher ist die Wahrscheinlichkeit, dass die Küchlein nicht auseinandergehen und oval werden.

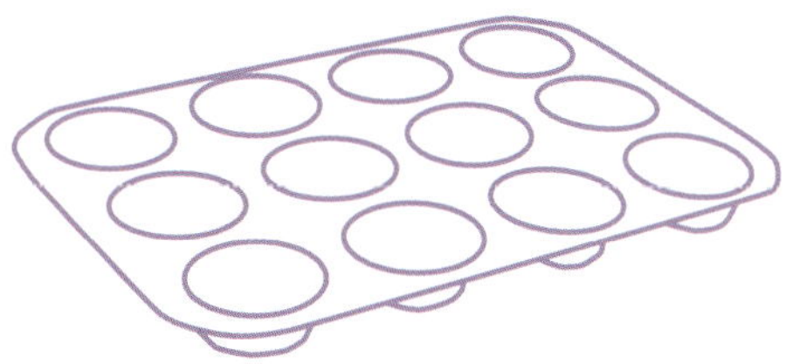

BACKBLECH

Ein Muffinbackblech ist kein Muss, es ist jedoch von Vorteil, da es gewährleistet, dass die Cupcakes rund werden und in Form bleiben. Sie können die Förmchen auch mit Butter einstreichen, falls Sie auf Papierförmchen verzichten wollen.

SPRITZBEUTEL

Spritzbeutel helfen beim Garnieren der Cupcakes mit dem Frosting. Mit verschiedenen Aufsätzen können Sie viele unterschiedliche „Türmchen“ auf die Küchlein zaubern. Achten Sie darauf, nach dem Auffüllen des Beutels die Luftbläschen herauszudrücken.

sternförmiger, feiner Spritzbeutelaufsatz mit kleinem Durchmesser

runder Spritzbeutelaufsatz

Spritzbeutelaufsatz
mit kleinen Löchern

sternförmiger Spritz-
beutelaufsatz mit
großem Durchmesser

SWEET 'N HEAVENLY

PEANUTBUTTER FUN

FÜR **12** CUPCAKES

Zutaten

60 g Backkakao
235 ml heißes Wasser
160 g Mehl
2 TL Backpulver
1 Prise Salz
115 g Butter
225 g Zucker
2 große Eier
2 TL Vanilleextrakt

Frosting

260 g Erdnussbutter
120 g Puderzucker
¼ TL Salz
55 g weiche Butter
¾ TL Vanilleextrakt
125 ml Sahne

60 MIN

MITTEL

• Backofen auf 170 °C (Ober- und Unterhitze) vorheizen.

Backkakao und **heißes Wasser** in einer kleinen Schale zusammenrühren und beiseitestellen.
Nun mischen Sie **Mehl**, **Backpulver** und **Salz**.
Mischen Sie in einer großen Schüssel **Butter** und **Zucker** mit einem Rührgerät, bis die Butter fluffig wird.
Fügen Sie die **Eier** nacheinander hinzu, bis die Zutaten gut vermischt sind, anschließend fügen Sie den **Vanilleextrakt** hinzu.
Mischen Sie erst die **Mehlmischung**, anschließend die **Kakaomixtur** zu der Butter, bis ein glatter Teig entsteht.
Füllen Sie den Teig zu zwei Dritteln in die Förmchen.

• Backzeit: 18 – 20 Min.

Nachdem die Cupcakes vollständig abgekühlt sind, bereiten Sie das Frosting zu.
Vermengen Sie die **Erdnussbutter**, den **Puderzucker**, das **Salz**, die **Butter** mit einem elektrischen Rührgerät, bis eine cremige Masse entsteht. Anschließend geben Sie noch den **Vanilleextrakt** und die **Sahne** hinzu.
Verstreichen Sie das Frosting nun nach Belieben auf dem Cupcake.

CHOCOSHOCKS

FÜR **12** CUPCAKES

Zutaten

140 g Mehl
1 ¼ TL Backpulver
¼ TL Salz
30 g Backkakao
1 großes Ei
100 g brauner Zucker
115 g weißer Zucker
150 ml Milch
80 ml Kaffee
115 g geschmolzene Butter

Frosting

255 g weiche Butter
375 g Puderzucker
2 EL Backkakao
½ TL Vanilleextrakt

60 MIN

MITTEL

• Backofen auf 180 °C (Ober- und Unterhitze) vorheizen.

Vermengen Sie das gesiebte **Mehl**, das **Backpulver** und das **Salz** in einer kleinen Schale.
Sieben Sie auch den **Backkakao** zu der **Mehlmischung** hinzu.
Mischen Sie in einer weiteren Schale das **Ei** und **beide Zuckersorten** mit einem elektrischen Rührgerät.
Geben Sie nach und nach die **Milch**, den **Kaffee** und die **geschmolzene Butter** hinzu.
Nun folgt nach und nach die **Mehlmischung**, bis ein glatter Teig entsteht.
Füllen Sie die Muffinförmchen zu drei Vierteln mit dem Teig.

• Backzeit: 15–20 Min.

Nachdem die Cupcakes abgekühlt sind, bereiten Sie das Frosting zu.
Rühren Sie die **Butter** mit einem Rührgerät auf mittlerer Geschwindigkeit, bis die Butter cremig wird.
Geben Sie nach und nach den **Puderzucker** und **Backkakao** hinzu, anschließend den **Vanilleextrakt**.
Stellen Sie die Geschwindigkeit des Rührgeräts für ca. 1 Minute auf die höchste Stufe.
Nun könnte Sie das Frosting auf den Cupcakes verteilen.

RED VELVET

FÜR **12** CUPCAKES

Zutaten

150 g Mehl
1 TL Backkakao
¾ TL Backpulver
¾ TL Salz
115 g weiche Butter
225 g Zucker
2 Eier
¾ TL Vanilleextrakt
rote Lebensmittelfarbe
115 ml Buttermilch

Frosting

115 g weiche Butter
225 g Frischkäse
240 g Puderzucker
1 – 2 EL Sahne
½ TL Vanilleextrakt
½ TL Mandelextrakt

40 MIN

EINFACH

• Backofen auf 170 °C (Ober- und Unterhitze) vorheizen.

Mischen Sie das **Mehl**, den **Backkakao**, das **Backpulver** und das **Salz** zusammen.
Anschließend verrühren Sie in einer großen Schüssel **Butter** und **Zucker** mit einem Rührgerät, bis die Butter fluffig wird.
Fügen Sie die **Eier** nacheinander hinzu, bis die Zutaten gut vermischt sind, anschließend fügen Sie den **Vanilleextrakt** und die **Lebensmittelfarbe** hinzu.
Nun folgen die **Mehlmischung** und die **Buttermilch** nach und nach, bis alles gut vermischt ist.
Füllen Sie den Teig zu zwei Dritteln in die Förmchen.

• Backzeit: ca. 18 Min.

Nachdem die Cupcakes vollständig abgekühlt sind, bereiten Sie das Frosting zu.
Vermengen Sie die **Butter** mit dem **Frischkäse**, bis eine fluffige Konsistenz entsteht.
Fügen Sie nun abwechselnd **Puderzucker** und **Sahne** hinzu.
Zuletzt geben Sie noch den **Vanille-** und **Mandelextrakt** hinzu und rühren die Masse, bis alles gut vermengt ist.

Tipp:
Ich habe auf meine Red Velvet Cupcakes roten essbaren Glitzer gestreut. Sie können ihn im Internet kaufen.

FRUITY & BRIGHT

CHEEKY LEMONBITES

FÜR **12** CUPCAKES

Zutaten

250 g weiche Butter
250 g Zucker
4 Eier
200 g Mehl
4 EL Milch
2 Zitronen

Frosting

175 g weiche Butter
350 g Puderzucker
1 EL Zitronensaft
gelbe Lebensmittelfarbe (optional)

40 MIN

EINFACH

• Backofen auf 180 °C (Ober- und Unterhitze) vorheizen.

Verrühren Sie mit einem elektrischen Rührgerät die **Butter** und den **Zucker**, bis die Butter fluffig wird.
Geben Sie die **Eier**, das **Mehl**, die **Milch** und die **Schale von zwei Zitronen** hinzu, anschließend noch einen Spritzer Zitronensaft.
Rühren Sie die Masse, bis ein glatter Teig entsteht.
Füllen Sie nun die Förmchen zu drei Vierteln mit dem Teig.

• Backzeit: 10 – 15 Min.

Bereiten Sie das Frosting zu, nachdem die Cupcakes komplett abgekühlt sind.
Rühren Sie die **Butter** mit einem elektrischen Rührgerät auf hoher Stufe, bis diese fluffig wird.
Geben Sie nun nach und nach den **Puderzucker** und **einen Esslöffel Zitronensaft** hinzu.
Für eine intensive gelbe Farbe rühren Sie ein wenig **gelbe Lebensmittelfarbe** unter.
Nun können Sie das Frosting auf den Cupcakes verteilen.

BERRYLICIOUS

FÜR **12** CUPCAKES

Zutaten

225 g Butter
60 g Backkakao
120 ml Sahne
120 ml Kaffee
1 TL Vanilleextrakt
240 g Mehl
450 g Zucker
1 ½ TL Backpulver
¾ TL Salz
230 g Schmand
2 Eier

Frosting

225 g weiche Butter
4 EL Frischkäse
900 g Puderzucker
1 EL Vanilleextrakt
100 – 115 ml Sahne
100 g frische Himbeeren

30 MIN

MITTEL

• Backofen auf 180 °C (Ober- und Unterhitze) vorheizen.

Schmelzen Sie die **Butter** auf geringer Hitze in einer kleinen Pfanne.
Geben Sie zu der Butter den **Backkakao** und verrühren Sie die Masse, bis sie glatt wird.
Anschließend rühren Sie nun die **Sahne**, den **Kaffee** und den **Vanilleextrakt** unter.
Nehmen Sie die Pfanne vom Herd und stellen Sie sie beiseite.
Vermengen Sie in einer großen Schüssel das **Mehl**, den **Zucker**, das **Backpulver** und das **Salz** und stellen Sie die Schüssel beiseite.
Mischen Sie nun in einer weiteren Schüssel den **Schmand** und die **Eier**.
Gießen Sie nun vorsichtig und langsam die abgekühlte **Kakaomischung** zu den **Eiern** und verrühren Sie alles, bis ein glatter Teig entsteht. Geben Sie nun diese Kakaomischung nach und nach zu dem **Mehl** und verrühren Sie alles zu einer homogenen Masse. Füllen Sie die Förmchen zu drei Vierteln.

• Backzeit: 17 – 19 Min.

Lassen Sie die Cupcakes komplett abkühlen und verrühren Sie dann die **Butter** und den **Frischkäse**.
Fügen Sie abwechselnd **Puderzucker**, den **Vanilleextrakt** und die **Sahne** hinzu. Heben Sie zu guter Letzt die frischen **Himbeeren** unter.
Nun können Sie Ihre Cupcakes mit dem Frosting und z.B. frischen Himbeeren garnieren.

STRAWBERRY DREAMS

FÜR **12** CUPCAKES

Zutaten

8 frische Erdbeeren
2 Eier
200 g Zucker
75 ml Öl
½ TL Vanilleextrakt
200 g Mehl
2 TL Backpulver
1 Prise Salz
rote Lebensmittelfarbe

Frosting

105 g frische Erdbeeren
150 g Butter
300 g Puderzucker
etwas Vanilleextrakt

70 MIN

KNIFFLIG

• Backofen auf 170 °C (Ober- und Unterhitze) vorheizen.

Pürieren Sie acht **Erdbeeren** zu 175 ml Püree und stellen Sie dies beiseite. Verrühren Sie mit einem elektrischen Rührgerät die **Eier**, den **Zucker**, das **Öl**, den **Vanilleextrakt** und das **Erdbeerpüree**, bis eine glatte Masse entsteht. Geben Sie nun nach und nach das **Mehl**, das **Backpulver**, das **Salz** und die **Lebensmittelfarbe** hinzu. Nun können Sie die Förmchen zu drei Vierteln mit dem Teig füllen.

• Backzeit: ca. 23 Min.

Nachdem die Cupcakes abgekühlt sind, können Sie das Frosting zubereiten. Pürieren Sie **105 g Erdbeeren** zu einem glatten, weichen Püree.
Geben Sie dieses in eine kleine Pfanne und bringen Sie die Masse unter ständigem Rühen auf mittlerer Hitze zum Köcheln, bis das Püree auf die Hälfte reduziert ist.
Lassen Sie nun das Püree komplett abkühlen. Verrühren Sie nun die **Butter** mit einem elektrischen Rührgerät und geben Sie nach und nach abwechselnd den **Puderzucker**, das **Erdbeerpüree** und den **Vanilleextrakt** hinzu, bis alles gut vermengt ist. Nun können Sie die abgekühlten Cupcakes mit dem Frosting und z.B **frischen Erdbeeren** verzieren.

Tipp:
Achten Sie bei den Erdbeeren zum Dekorieren darauf, dass sie nicht zu feucht sind. Sonst kann das Frosting verlaufen.

LUXURY DELIGHT

CHAMPAGNE CAKES

FÜR **12** CUPCAKES

Zutaten

225 g Zucker
115 g weiche Butter
2 Eier
1 Vanilleschote
205 g Mehl
½ TL Natron
¼ TL Backpulver
¼ TL Salz
120 ml Sekt
115 g Schmand

Frosting

225 g weiche Butter
400 g Puderzucker
½ TL Vanilleextrakt
3–4 EL Sekt

• Backofen auf 180 °C (Ober- und Unterhitze) vorheizen.

In einer großen Schüssel den **Zucker** und die **Butter** mit einem elektrischen Rührgerät schaumig schlagen. Nun fügen Sie ein **Ei** nach dem anderen hinzu, anschließend das **Mark einer Vanilleschote** unterrühren. In einer weiteren Schüssel **Mehl**, **Backpulver**, **Natron** und **Salz** vermengen. Nun in einer weiteren kleinen Schüssel den **Sekt** und den **Schmand** vorsichtig mischen. Abwechselnd die **Sektmischung** und **Mehlmischung zu dem Butter-Zuckergemisch** hinzufügen. Die Förmchen gleichmäßig füllen.

• Backzeit: 18–20 Min.

Cupcakes abkühlen lassen und anschließend für das Frosting die **Butter** und den **Puderzucker** mit einem Rührgerät vermischen. Nun den **Vanilleextrakt** und den **Sekt** hinzufügen und weiter mischen, bis eine homogene Masse entsteht. Nun können Sie das Frosting auf den Cupcakes verteilen.

60 MIN

MITTEL

SALTED CARAMEL

FÜR **12** CUPCAKES

Zutaten

150 g Mehl
1 TL Backpulver
1 Prise Salz
115 g Butter
230 g Zucker
2 große Eier
1 Vanilleschote
130 ml Milch

Frosting

230 g Butter
450 g brauner Zucker
120 ml Sahne
1 Prise Salz
500 g Puderzucker

70 MIN

KNIFFLIG

• Backofen auf 180 °C (Ober- und Unterhitze) vorheizen.

In einer Schüssel das **Mehl**, das **Backpulver** und das **Salz** vermengen.
In einer weiteren Schüssel die **Butter** und den **Zucker** mit einem elektrischen Rührgerät schaumig schlagen.
Geben Sie anschließend die **Eier** und das **Mark einer Vanilleschote** hinzu.
Nun abwechselnd die **Mehlmischung** und die **Milch** unterrühren, bis alles gut vermischt ist.
Verteilen Sie den Teig gleichmäßig auf die Förmchen.

• Backzeit: 18 Min.

Lassen Sie die Cupcakes vollständig abkühlen.
Für das Frosting die **Butter** schmelzen und den **braunen Zucker** sowie die **Sahne** hinzufügen.
Auf mittlerer Hitze so lange rühren, bis sich der Zucker aufgelöst hat.
Fügen Sie das **Salz** hinzu und lassen Sie die Masse ca. 15 Minuten abkühlen.
Mischen Sie nun mit einem Rührgerät den **Puderzucker** unter. Falls das Frosting zu süß schmeckt, fügen Sie noch etwas Salz hinzu.
Sie können die Cupcakes nun mit dem Frosting und z.B. Karamellgittern verzieren.

Tipp:
Um die Gitter herzustellen, Wasser und Zucker zu gleichen Teilen in einen Topf geben und aufkochen. Unter gelegentlichem Rühren einkochen lassen. Mit einer Gabel in Zickzack-Bewegungen auf ein mit Backpapier ausgelegtes Blech geben. Kühlt schnell ab und wird fest.

CARROT MINICAKES

FÜR **12** CUPCAKES

Zutaten

275 g Zucker
200 ml Öl
4 Eier
300 g geraspelte Karotten
150 g Walnüsse
225 g Mehl
2 TL Backpulver
1 TL Zimt

Frosting

125 g Butter
125 g Frischkäse
275 g Puderzucker
12 Marzipankarotten

50 MIN

EINFACH

• Backofen auf 180 °C (Ober- und Unterhitze) vorheizen.

Verrühren Sie den **Zucker**, das **Öl** und die **Eier** mit einem elektrischen Rührgerät. Anschließend fügen Sie die **Karottenraspel** und die **Walnüsse** hinzu.
In einer weiteren Schüssel das **Mehl**, den **Kakao**, das **Backpulver** und den **Zimt** vermengen und danach zu der anderen Masse mischen.
Die Förmchen zu drei Vierteln füllen.

• Backzeit: 25 Min.

Lassen Sie die Cupcakes abkühlen.
Für das Frosting die **Butter** und den **Frischkäse** mit einem Rührgerät vermischen, bis eine fluffige Masse entsteht.
Nun können Sie den **Puderzucker** unterrühren und anschließend die Cupcakes mit dem Frosting verzieren.
Die **Marzipankarotten** können Sie mittig auf dem Frosting platzieren.

FUN FOR KIDS

Zutaten

200 g Mehl
½ TL Backpulver
½ TL Salz
1 TL Zimt
¼ TL Natron
2 Eiweiß
115 g geschmolzene Butter
175 ml Mandelmilch (Vanille)
1 TL Vanilleextrakt
60 g griechischer Joghurt (Vanille)
225 g Zucker

Frosting

225 g Frischkäse
115 g weiche Butter
75 g Cini Minis
1 TL Vanilleextrakt
360 g Puderzucker

60 MIN

MITTEL

CINNAMON CUPCAKES

FÜR **12** CUPCAKES

• Backofen auf 170 °C (Ober- und Unterhitze) vorheizen.

Vermengen Sie in einer mittelgroßen Schüssel das **Mehl** mit dem **Backpulver**, dem **Salz**, dem **Zimt** und dem **Natron**.
In einer großen Schüssel das **Eiweiß**, die **Butter**, die **Mandelmilch** und den **Vanilleextrakt** verrühren.
Geben Sie nun abwechselnd den **Joghurt**, den **Zucker** und die **Mehlmischung** hinzu.
Füllen Sie die Förmchen zu drei Vierteln mit dem Teig.

• Backzeit: 15 – 18 Min.

Für das Frosting verrühren Sie den **Frischkäse** und die **Butter** mit einem Rührgerät, bis die Butter fluffig wird. Zerbröseln Sie die **Cini Minis** und geben Sie diese zu der Butter. Nun folgen der **Vanilleextrakt** und der **Puderzucker**.
Nun das Frosting mit einem Messer auf den vollständig abgekühlten Cupcakes verstreichen und mit weiteren Cini Minis dekorieren.

TALL PANDACAKES

FÜR **12** CUPCAKES

Zutaten

75 g Backkakao
150 ml heißes Wasser
180 g Mehl
300 g Zucker
1 TL Natron
½ TL Backpulver
½ TL Salz
50 ml Öl
2 Eier
1 TL Vanilleextrakt
160 ml Milch

Frosting

225 g Butter
1 TL Vanilleextrakt
450 g Puderzucker
1 - 3 TL Milch
Schokodrops

70 MIN

MITTEL

• Backofen auf 170 °C (Ober- und Unterhitze) vorheizen.

Backkakao mit **heißem Wasser** glatt rühren.
Das **Mehl**, den **Zucker**, das **Natron**, das **Backpulver** und das **Salz** in einer großen Schüssel vermengen.
Nun nach und nach zuerst das **Öl**, die **Eier**, das **Vanillearoma** und dann die **Milch** zugeben, bis eine glatte Masse entsteht.
Anschließend **Kakaomasse** unterrühren und alles zu einem Schokoteig vermischen.

• Backzeit: 15 Min.

Lassen Sie die Cupcakes vollständig abkühlen und bereiten Sie dann das Frosting zu.
Die **Butter** und den **Vanilleextrakt** mit einem elektrischen Rührgerät auf hoher Stufe fluffig schlagen. Nun abwechselnd den **Puderzucker** und die **Milch** zugeben. Tunken Sie die Cupcakes in die Schüssel mit dem Frosting, streichen Sie es glatt. Nun drücken Sie die Cupcakes leicht in eine Schale mit Zucker. Jetzt können Sie mit Schokodrops Augen, Nase und Ohren anbringen. Für den Mund eignen sich Schokoraspel.

RAINBOW SURPRISE

FÜR **12** CUPCAKES

Zutaten

155 g Mehl
½ Tl Backpulver
1 Messerpitze Natron
1 Prise Salz
60 ml Milch
60 ml Öl
etwas Vanilleextrakt
55 g Butter
100 g Zucker
2 Eier
rote, blaue, grüne, gelbe Lebensmittelfarbe

Frosting

115 g Butter
360 g Puderzucker
1 TL Vanilleextrakt
2–3 EL Milch
blaue Lebensmittelfarbe
Regenbogenschlangen (optional)

90 MIN

KNIFFLIG

• Backofen auf 175 °C (Ober- und Unterhitze) vorheizen.

Mehl, **Backpulver**, **Natron** und **Salz** in einer großen Schüssel mischen. **Milch**, **Pflanzenöl** und **Vanillearoma** in einer separaten Schüssel zusammenrühren, bis alles gut gemischt ist. **Butter** und **Zucker** schaumig schlagen. **Eier** hinzufügen, dabei jedes Ei erst gut unterrühren, bevor das nächste hinzugegeben wird.
Die **Mehlmischung** abwechselnd mit der **Milchmischung** einrühren, bis alles gut vermischt ist. Den Kuchenteig in vier Schüsseln aufteilen. Nun jeweils in eine Schüssel eine andere **Lebensmittelfarbe** zum Teig geben, bis die gewünschte Farbe erreicht ist.
Den farbigen Teig aufeinander in die Förmchen schichten, bis sie ca. drei Viertel gefüllt sind.

• Backzeit: 15–20 Min.

Bereiten Sie nun das Frosting für die abgekühlten Cupcakes zu. **Butter** auf höchster Stufe mit dem Mixer schaumig schlagen und nach und nach den **Puderzucker** einrühren, bis eine glatte Mischung entsteht.
Anschließend den **Vanilleextrakt** und **2–3 EL Milch** hinzufügen. Ein Drittel des Teiges in eine weitere Schüssel geben und blau einfärben.
Verteilen Sie nun das Frosting auf den Cupcakes. Sie können außerdem Regenbogenschlangen zu Bögen formen und auf dem Frosting platzieren.

Tipp:
Für knallige Farben empfehle ich Farbgels, die Sie im Fachhandel oder Internet kaufen können.

FAMOUS STARS

COCO TREATS

FÜR **12** CUPCAKES

Zutaten

100 g Butter
120 g Zucker
½ Pck. Vanillezucker
180 g Mehl
½ TL Backpulver
1 ½ Eier
150 ml Milch
12 Raffaellos

Frosting

70 g weiche Butter
25 g Puderzucker
125 g Vanillepudding
6 Raffaellos

60 MIN

MITTEL

• Backofen auf 180 °C (Ober- und Unterhitze) vorheizen.

Die **Butter** mit dem **Zucker** gut verrühren. Die Eier einzeln unterrühren und den **Vanillezucker** zugeben.

In einer extra Schüssel das **Mehl** mit dem **Backpulver** vermischen. Nun abwechselnd die **Mehlmischung** und die **Milch** unter die **Butter-Eier-Zuckermischung** rühren, sodass eine homogene Masse entsteht.
Dann die Muffinförmchen zu drei Vierteln füllen und die **Raffaellos** mittig in den Teig drücken.

• Backzeit: 20 Min.

Für das Frosting den **Pudding** nach Anleitung zubereiten und gut auskühlen lassen.
Die **Butter** mit einem elektrischen Rührgerät schaumig schlagen, anschließend den **Puderzucker** hinzufügen.
Nun nach und nach den **Pudding** hinzufügen.
Das Frosting nun auf die Cupcakes auftragen und mit einer **Raffaellohälfte** garnieren.

CHOCO NUT CAKE

FÜR **12** CUPCAKES

Zutaten

40 g Backkakao
50 ml heißes Wasser
140 g Mehl
1 TL Backpulver
1 Prise Salz
10 ml Öl
220 g Zucker
2 Eier
1 TL Vanilleextrakt
150 ml Milch

Frosting

220 g weiche Butter
180 g Puderzucker
120 g Nutella
2–3 EL Sahne
½ TL Vanilleextrakt

50 MIN

MITTEL

• Backofen auf 180 °C (Ober- und Unterhitze) vorheizen.

Backkakao mit kochend heißem Wasser glatt rühren und abkühlen lassen.

Mehl, **Backpulver** und **Salz** vermengen. Das **Öl** und den **Zucker** schaumig schlagen. Nacheinander beide **Eier** zugeben und glatt rühren.
Vanilleextrakt und die **Mehlmischung** einrühren sowie die abgekühlte **Kakaomasse** zugeben und alles zu einem glatten Teig verarbeiten.
Förmchen zu drei Vierteln mit dem Teig befüllen.

• Backzeit: 16–19 Min.

Weiche Butter glatt und cremig schlagen. Den **Puderzucker** einrühren und alles zu einer cremigen Masse verarbeiten. **Nutella** hinzugeben und nochmals verrühren. **Sahne** und **Vanillearoma** abschließend einrühren. Falls das Frosting zu zähflüssig ist, noch etwas **Milch** einrühren, und falls es zu dünnflüssig ist, noch etwas Puderzucker. Sollte das Frosting zu süß sein, gibt man noch etwas Salz hinzu.
Anschließend kann das Frosting auf die abgekühlten Cupcakes gegeben werden.

Zutaten

120 g Backkakao
205 g Mehl
1 ½ TL Natron
½ TL Salz
170 g Butter
150 g Zucker
150 g brauner Zucker
2 große Eier
250 ml Buttermilch
115 g Schmand
1 TL Vanilleextrakt

Frosting

325 g Erdnussbutter
225 g Butter
480 g Puderzucker
1 Prise Salz
1 TL Vanilleextrakt
200 g Marshmellowcreme
60 ml Sahne

70 MIN

MITTEL

PEANUT TREAT

FÜR **12** CUPCAKES

• Backofen auf 180 °C (Ober- und Unterhitze) vorheizen.

Sieben Sie den **Backkakao**, das **Mehl**, das **Natron** und das **Salz** in eine Schüssel.
Butter und beide **Zuckersorten** in einer großen Schüssel mit einem elektrischen Rührgerät schaumig schlagen.
Die **Eier**, die **Buttermilch** und **Schmand** nacheinander unterrühren, dann das **Vanillearoma** zugeben.
Die abgekühlte **Kakaomasse** einrühren und zu einem glatten Teig verarbeiten.
Die Förmchen zu zwei Dritteln mit dem Teig befüllen.

• Backzeit: ca. 18 – 20 Min.

Lassen Sie die gebackenen Cupcakes komplett abkühlen, bevor Sie das Frosting zubereiten.
Für das Frosting **Erdnussbutter** und **Butter** schaumig schlagen. Anschließend fügen Sie den **Puderzucker** und das **Salz** hinzu. Rühren Sie, bis eine glatte, cremige Masse entsteht. **Vanillearoma**, **Marshmellowcreme** und die **ungeschlagene Sahne** hinzufügen und nochmals glatt rühren.
Das Frosting kann nun auf dem Cupcake verteilt werden und mit Erdnüssen und kleinen Snickersriegeln garniert werden.

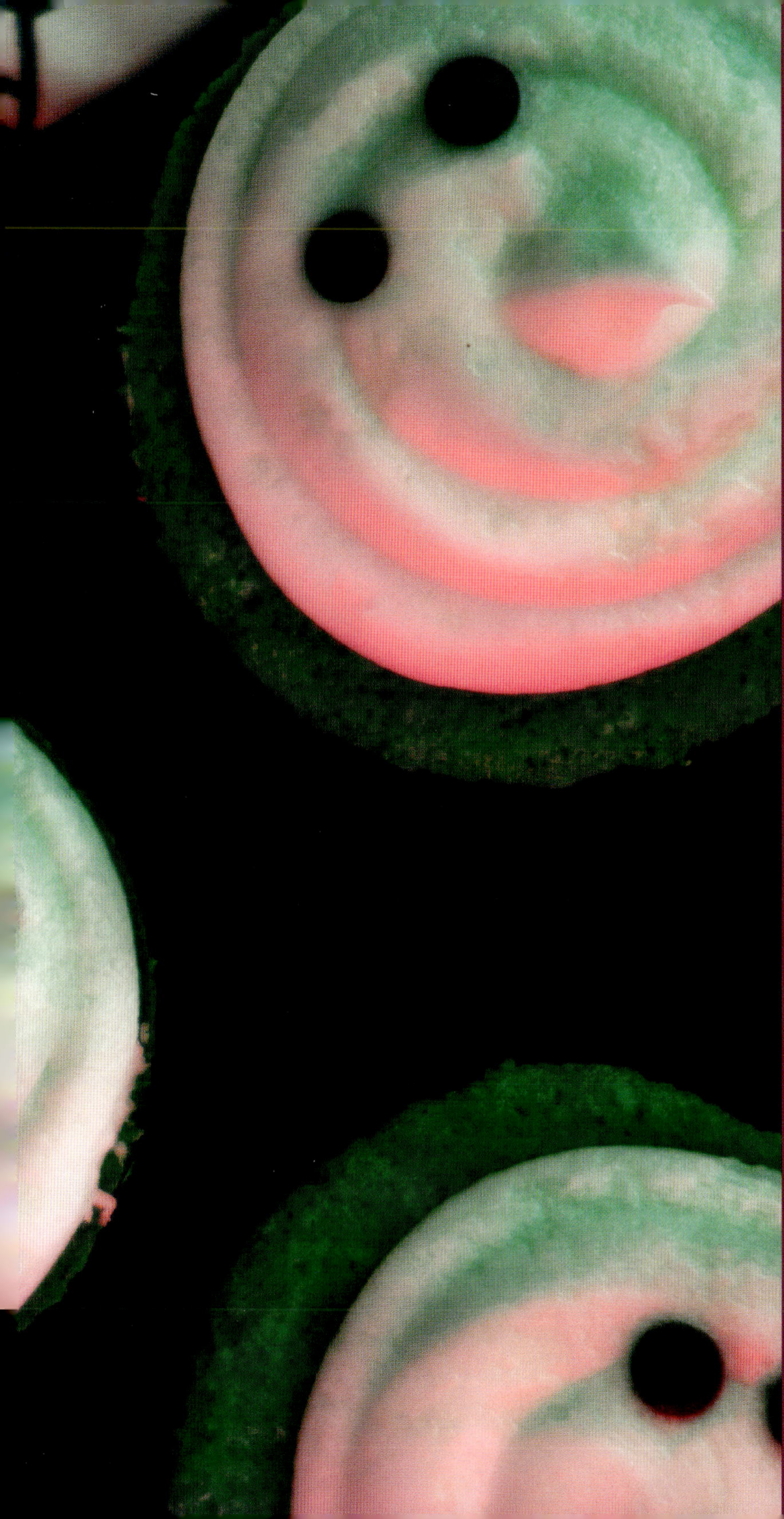

CREEPY CREATURES

VAMPIRE BITES

FÜR **12** CUPCAKES

Zutaten

125 g weiche Butter
150 g brauner Zucker
2 Eier
150 g Mehl
½ TL Backpulver
60 ml Milch

Soße

230 g schwarze Kirschen
120 g Zucker
240 ml (Kirsch-)Wasser
1 TL Zitronensaft
2 EL Speisestärke
24 Granatapfelkerne

Frosting

25 g weiche Butter
125 g Frischkäse
125 g Puderzucker
½ TL Vanilleextrakt

90 MIN

KNIFFLIG

• Backofen auf 160 °C (Ober- und Unterhitze) vorheizen.

Weiche Butter, **Rohrzucker**, **Eier** mit einem elektrischen Rührgerät schlagen, bis die Mischung fluffig wird.
Das **Mehl** mit dem **Backpulver** mischen und abwechselnd mit der **Milch** zum Teig geben, etwas weiterrühren.
Mischung gleichmäßig in die Papierförmchen verteilen.

• Backzeit: ca. 30 Min.

Die Cupcakes abkühlen lassen.
Für die Soße die **Kirschen** pürieren und anschließend in einer kleinen Pfanne auf mittlerer Hitze erwärmen. Hinzu kommt der **Zucker**, das **Wasser**, der **Zitronensaft** und die **Speisestärke**. Die Mischung unter ständigem Rühren langsam zum Kochen bringen, bis die Masse verdickt. Nun schneiden Sie Löcher in die Cupcakes, um diese mit der Soße zu füllen. Entfernen Sie das untere Drittel des Deckels, bevor Sie ihn wieder auf den Cupcake setzen.

Für das Frosting **Butter** und **Frischkäse** auf höchster Stufe mit dem Rührgerät schlagen, bis es weißlich wird. Mit dem **Puderzucker** und dem **Vanilleextrakt** zu einer homogenen Masse verrühren und auf den Cupcakes verteilen.
Etwas abkühlen lassen und dann mithilfe eines Zahnstochers die restliche Soße in Form von Blutstropfen auf dem Frosting aufbringen. Zum Schluss zwei Granatapfelkerne pro Cupcake anbringen.

SLIMY WORMS

FÜR **12** CUPCAKES

Zutaten

50 g Backkakao
240 ml heißes Wasser
175 g Mehl
2 TL Backpulver
¼ TL Salz
115 g weiche Butter
200 g Zucker
2 große Eier
2 TL Vanilleextrakt

Frosting

120 g Bitterschokolade
150 g weiche Butter
160 g Puderzucker
1 ½ TL Vanilleextrakt
20 Gummiwürmer
Schokokekse

70 MIN

MITTEL

• Backofen auf 190 °C (Ober- und Unterhitze) vorheizen.

In einer kleinen Schüssel **Backkakao** mit **heißem Wasser** zu einer glatten Masse verrühren.
Mehl, **Backpulver** und **Salz** in einer anderen Schüssel vermischen.
Dann in einer großen Rührschüssel die **Butter** und den **Zucker** schaumig schlagen.
Die **Eier** nacheinander zugeben und zu einer glatten Masse verrühren.
Vanilleextrakt zugeben, **Mehlmischung** untermengen und dann sofort die abgekühlte **Kakaomischung** zufügen und alles zu einem glatten Teig verrühren.
Muffinförmchen zu zwei Dritteln befüllen.

• Backzeit: ca. 16 – 20 Min.

Für das Frosting die **Schokolade** im Wasserbad schmelzen und auf Zimmertemperatur abkühlen lassen.
Butter schlagen, bis sie weich und cremig ist.
Puderzucker zugeben und die Masse schaumig schlagen.
Nun den **Vanilleextrakt** zufügen und danach die **Schokolade** auf niedrigster Stufe mit dem Rührgerät einrühren.
Zum Schluss alles auf mittlerer Stufe zu einem fluffigen Frosting verrühren, das anschließend aufgetragen werden kann.
Auf dem Frosting können Sie nun ein paar **Kekskrümel** verteilen und darin Gummiwürmer verstecken.

GLOWING GHOSTS

FÜR **12** CUPCAKES

Zutaten

130 g weiche Butter
160 g Rohrzucker
2 Eier
140 g Mehl
1 TL Backpulver
3–5 EL Milch

Frosting

250 g weiche Butter
500 g Puderzucker
2–6 EL Tonic Water
2–6 EL Schokodrops (optional)

60 MIN

EINFACH

• Backofen auf 160 °C (Ober- und Unterhitze) vorheizen.

Weiche Butter, den **Rohrzucker**, die **Eier** mit einem elektrischen Rührgerät schlagen, bis die Mischung fluffig wird. Das **Mehl** mit dem **Backpulver** mischen und abwechselnd mit der **Milch** zum Teig geben, etwas weiterrühren. Mischung gleichmäßig in die Papierförmchen verteilen.

• Backzeit: ca. 30 Min.

Die Cupcakes abkühlen lassen.
Für das Frosting die **Butter** auf höchster Stufe mit dem Handrührgerät schlagen, bis sie weißlich wird. Mit dem **Puderzucker** zu einer homogenen Masse verrühren. Diese ist zunächst noch ziemlich fest. Dann das **Tonic Water** unter weiterem Rühren hinzufügen, bis die Masse die gewünschte Konsistenz hat. Für die Augen kann man z.B. Schokodrops verwenden.

Tipp:
Das Tonic Water im Frosting bringt Ihre Geister unter Schwarzlicht zum Leuchten. Sie können natürlich auch normales Wasser verwenden.

GREAT PARTIES

BE MY VALENTINE

FÜR **12** CUPCAKES

Zutaten

40 g Zartbitterschokolade
50 ml Milch
120 g Butter
120 g Zucker
2 Eier
200 g Mehl
3 EL Backkakao
1 TL Backpulver

Frosting

100 g Butter
60 g Frischkäse
200 g Puderzucker
pink Lebensmittelfarbe
Zuckerperlen (optional)

40 MIN

MITTEL

• Backofen auf 160 °C (Ober- und Unterhitze) vorheizen.

Schmelzen Sie mithilfe eines Wasserbads die **Schokolade**, rühren Sie die **Milch** unter und stellen Sie die Mischung beiseite.
Rühren Sie die **Butter** und den **Zucker** im Rührgerät zu einer fluffigen Masse. Geben Sie anschließend die **Eier** hinzu und vermengen Sie separat das **Mehl**, den **Backkakao** und das **Backpulver**. Anschließend geben Sie abwechselnd die **Mehl- und Kakaomischung** zu der **Butter**, bis ein glatter Teig entsteht, den Sie nun in die Papierförmchen geben können.

• Backzeit: ca. 30 Min.

Die Cupcakes abkühlen lassen.
Für das Frosting die **Butter** und den **Frischkäse** auf höchster Stufe mit dem Handrührgerät schlagen, bis die Masse fluffig wird. Nun mit dem **Puderzucker** und der **Lebensmittelfarbe** vermengen, im Anschluss auf den Cupcakes verteilen und beispielsweise mit Zuckerperlen verfeinern.

EASTER SURPRISE

FÜR **12** CUPCAKES

Zutaten

160 g Butter
160 g Zucker
3 Eier
1 TL Vanilleextrakt
110 g Mehl
1 Prise Salz
½ TL Backpulver
70 ml Milch
12 Schokoeier

Frosting

120 g Butter
1 Prise Salz
240 g Puderzucker
2–4 EL Milch

50 MIN

EINFACH

• Backofen auf 160 °C (Ober- und Unterhitze) vorheizen.

Die **Butter** mit dem **Zucker** schaumig aufschlagen und anschließend **Eier** und **Vanilleextrakt** hinzugeben.
Mischen Sie in einer anderen Schüssel das **Mehl**, das **Salz** und das **Backpulver**. Geben Sie nun im Wechsel die **Mehlmischung** und die **Milch** zu der **Butter-Ei-Masse**.
Verteilen Sie nun den Teig gleichmäßig auf die Förmchen.
Geben Sie in die Mitte jedes Cupcakes ein **Schokoei** und drücken Sie es leicht in den Teig.

• Backzeit: ca. 25–30 Min.

Lassen Sie die Cupcakes nach dem Backen komplett auskühlen und bereiten Sie anschließend das Frosting, indem Sie zunächst die **Butter** aufschlagen. Geben Sie danach das **Salz**, den **Puderzucker** und zuletzt die **Milch** hinzu.
Jetzt können Sie das Frosting auf den Cupcakes verteilen und mit Schokoeiern verzieren.

BIRTHDAY CAKES

FÜR **12** CUPCAKES

Zutaten

180 g Mehl
230 g Zucker
1 ½ TL Backpulver
½ TL Salz
120 g Butter
120 g saure Sahne
1 großes Ei
2 große Eigelb
1 ½ TL Vanilleextrakt

Frosting

230 g Butter
1 TL Vanilleextrakt
300 g Puderzucker
türkis Lebensmittelfarbe
Zuckerperlen (optional)

50 MIN

EINFACH

• Backofen auf 180 °C (Ober- und Unterhitze) vorheizen.

Vermengen Sie das **Mehl**, den **Zucker**, das **Backpulver** und das **Salz** mit einem Rührgerät. Geben Sie **Butter**, **saure Sahne**, das **Ei** und das **Eigelb** sowie den **Vanilleextrakt** hinzu. Rühren Sie die Masse auf höchster Geschwindigkeit, bis ein glatter Teig entsteht.
Nun können Sie den Teig in die Förmchen geben und diese zu drei Vierteln füllen.

• Backzeit: ca. 20–25 Min.

Schlagen Sie die **Butter** für das Frosting schaumig und geben Sie den **Vanilleextrakt** hinzu. Nun können auch der **Puderzucker** und die **Farbe** hinzugefügt werden.
Jetzt können Sie die abgekühlten Cupcakes mit dem Frosting, süßen Zuckerperlen sowie einer kleinen Kerze garnieren.

FLOWER POWER

HYDRANGEA MACROPHYLLA

FÜR **12** CUPCAKES

Zutaten

180 g Mehl
¼ TL Salz
½ EL Backpulver
½ TL Zimt
120 g Butter
170 g Zucker
½ TL Vanilleextrakt
120 ml Ahornsirup
2 Eier
120 ml Milch
50 g grob gehackte Walnüsse

Frosting

170 g Butter
70 g Frischkäse
120 g Karamellsoße
180 g Puderzucker
rosa, blaue oder rote Lebensmittelfarbe

60 MIN

EINFACH

• Backofen auf 180 °C (Ober- und Unterhitze) vorheizen.

Vermengen Sie das **Mehl** mit dem **Salz**, dem **Backpulver** und dem **Zimt**.
Vermischen Sie in einer großen Rührschüssel die **Butter** und den **Zucker**, bis eine fluffige Masse entsteht, und geben Sie anschließend den **Vanilleextrakt**, den **Ahornsirup** und die **Eier** hinzu.
Geben Sie nun abwechselnd das **Mehl** und die **Milch** zu der **Buttermischung**. Rühren Sie zum Schluss die grob gehackten **Walnüsse** unter.
Nun können Sie die Förmchen mit dem zubereiteten Teig zu drei Vierteln füllen.

• Backzeit: ca. 20 Min.

Um das Frosting herzustellen, schlagen Sie die **Butter** und den **Frischkäse** fluffig. Geben Sie nun erst **Karamellsoße** und anschließend den **Puderzucker** hinzu.
Fügen Sie noch **Lebensmittelfarbe** hinzu, um rosa, blaue oder rote Hortensien auf den Cupcakes zu zaubern.

Tipp:
Um die Blüten zu kreieren, habe ich folgenden Spritzbeutelaufsatz verwendet:

CORNFLOWER CAKES

FÜR **12** CUPCAKES

Zutaten

120 g Butter
230 g Zucker
2 Eier
1 TL Vanilleextrakt
60 g Honig
200 g Mehl
½ TL Backpulver
½ TL Salz
160 ml Milch

Frosting

150 g Frischkäse
3 EL Butter
60 g Honig
½ TL Vanilleextrakt
360 g Puderzucker
getrocknete Kornblumen (essbar)

40 MIN

EINFACH

• Backofen auf 160 °C (Ober- und Unterhitze) vorheizen.

Schlagen Sie die **Butter** und den **Zucker** im Rührgerät auf höchster Stufe zu einer fluffigen Masse. Geben Sie nun die **Eier** und den **Vanilleextrakt** sowie den **Honig** hinzu. Vermengen Sie in einer weiteren Schüssel das **Mehl**, das **Backpulver** und das **Salz** und geben Sie es nach und nach abwechselnd mit der **Milch** zu der **Buttermischung**. Verteilen Sie den Teig gleichmäßig auf die Backförmchen.

• Backzeit: ca. 30 Min.

Lassen Sie die Cupcakes vollständig abkühlen. Nun können Sie den **Frischkäse** und die **Butter** aufschlagen. Geben Sie erst den **Honig** und den **Vanilleextrakt** hinzu, anschließend nach und nach den **Puderzucker**.
Verzieren Sie die Cupcakes mit dem Frosting und streuen Sie abschließend **getrocknete Kornblumen** drüber.

Tipp:
Sie können in Feinkostläden viele verschiedene essbare Blüten zum Dekorieren kaufen.

RED ROSES

FÜR **12** CUPCAKES

Zutaten

120 g Mehl
30 g Backkakao
½ TL Backpulver
140 g Butter
170 g Zucker
3 Eier
½ TL Vanilleextrakt
40 ml Milch

Frosting

120 g Butter
½ TL Vanilleextrakt
240 g Puderzucker
rote Lebensmittelfarbe
2–4 EL Milch

80 MIN

KNIFFLIG

• Backofen auf 180 °C (Ober- und Unterhitze) vorheizen.

Sieben Sie das **Mehl**, den **Backkakao** und das **Backpulver** in eine Schüssel. Geben Sie nun die **Butter**, den **Zucker**, die **Eier**, den **Vanilleextrakt** und die **Milch** hinzu. Schlagen Sie die Masse auf höchster Stufe mit einem Rührgerät, bis ein fluffiger Teig entsteht.
Geben Sie den Teig zu drei Vierteln in die Förmchen.

• Backzeit: ca. 20–25 Min.

Lassen Sie die Cupcakes komplett auskühlen und bereiten Sie dann das Frosting zu, indem Sie zunächst die **Butter** und den **Vanilleextrakt** schaumig schlagen. Geben Sie nun nach und nach **Puderzucker**, **Lebensmittelfarbe** und **Milch** hinzu, bis eine homogene Masse entsteht.
Dieses Frosting können Sie nun mithilfe eines längsförmigen Spritzbeutelaufsatzes auf die Cupcakes geben.

Tipp:
Bei den Rosen habe ich mich von innen nach außen gearbeitet.
Spritzbeutelaufsatz:

VEGAN PLEASURES

COCONUT DREAM

FÜR **12** CUPCAKES

Zutaten

200 g Mehl
1 TL Backpulver
240 g Zucker
1 TL Natron
½ TL Salz
240 ml Kokosnussmilch
120 ml Rapsöl
1 EL Vanilleextrakt
1 EL Apfelessig

Frosting

200 g Kokosnussöl (fest)
360 g Puderzucker
1 TL Vanilleextrakt
2 TL Kokosnussmilch
Kokosraspel

40 MIN

EINFACH

• Backofen auf 175 °C (Ober- und Unterhitze) vorheizen.

Vermengen Sie das **Mehl**, das **Backpulver**, den **Zucker**, das **Natron** und das **Salz** in einer großen Schüssel.
Nehmen Sie eine weitere Schüssel und mischen Sie die **Kokosnussmilch**, das **Rapsöl**, den **Vanilleextrakt** und den **Essig** mit einem Rührgerät.
Geben Sie nun die **Mehlmischung** hinzu und vermengen Sie alles, bis ein glatter Teig entsteht.
Geben Sie den Teig zu drei Vierteln in die Förmchen.

• Backzeit: ca. 15–20 Min.

Für das Frosting schlagen Sie das **Kokosnussöl** mit einem Rührgerät, bis es weich wird. Stellen Sie das Gerät auf eine niedrige Stufe und fügen Sie den **Puderzucker**, den **Vanilleextrakt** und die **Kokosnussmilch** nach und nach hinzu. Verrühren Sie nun das Frosting, bis es weich wird.
Jetzt können Sie die Cupcakes mit dem Frosting garnieren und die **Kokosraspel** darüberstreuen.

CUTE APPLE PIES

FÜR **12** CUPCAKES

Zutaten

2 Äpfel (grüne Sorte, z. B. Golden Delicious)
1 EL Kokosfett (vegane Butter)
2 EL brauner Zucker
240 ml Mandelmilch
1 Bio-Zitrone
80 ml Rapsöl
170 g Zucker
1 EL Vanilleextrakt
180 g Mehl
1 ½ TL Natron
½ TL Backpulver
¼ TL Salz
1 EL Zimt
¼ TL Muskatnuss

Frosting

120 g Kokosfett
180 g Puderzucker
1 Prise Zimt
Apfelchips

70 MIN

MITTEL

• Backofen auf 180 °C (Ober- und Unterhitze) vorheizen.

Schneiden Sie die **Äpfel** in kleine Stücke und erhitzen Sie die **Butter** und den **braunen Zucker**. Fügen Sie anschließend die **Äpfel** hinzu und erhitzen Sie die Mischung, bis sie goldbraun ist.
Vermischen Sie separat die **Mandelmilch** und den **Saft** der **Zitrone** und lassen Sie die Mischung für eine Minute ziehen.
Geben Sie anschließend **Rapsöl**, **Zucker**, **geriebene Zitronenschale** und den **Vanilleextrakt** hinzu.
Sieben Sie die **trockenen Zutaten** in eine Schüssel und geben Sie sie langsam zu der anderen Mischung hinzu.
Zu guter Letzt folgt die abgekühlte **Apfelmischung**.
Füllen Sie den Teig in die Förmchen.

• Backzeit: 20–25 Min.

Schlagen Sie das **Kokosfett**, bis es weich wird, und fügen Sie nach und nach den **Puderzucker** und den **Zimt** hinzu, sodass eine homogene Masse entsteht.
Nun können Sie das Frosting auf die Cupcakes geben und sie mit **Apfelchips** garnieren.

Tipp:
Achten Sie beim Kokosfett unbedingt darauf, dass es weich genug ist, sodass keine Klümpchen im Teig zurückbleiben.

CHOCODREAMS

FÜR 12 CUPCAKES

Zutaten

180 g Mehl
½ TL Salz
1 EL Backpulver
40 g Backkakao
230 g Zucker
250 ml Wasser
75 ml Rapsöl
60 ml Mandelmilch
1 EL Apfelessig
60 ml Karamellsoße
2 TL Vanilleextrakt

Frosting

120 g Kokosfett
1 EL Vanilleextrakt
120 ml Rapsöl
480 g Puderzucker
80 g Backkakao
6 – 10 EL Mandelmilch
Zuckerperlen (optional)

70 MIN

EINFACH

• Backofen auf 170 °C (Ober- und Unterhitze) vorheizen.

Vermengen Sie das **Mehl**, das **Salz**, das **Backpulver**, den **Backkakao** und den **Zucker**.
Verrühren Sie in einer weiteren Schüssel das **Wasser**, das **Öl**, die **Mandelmilch**, den **Essig**, die **Karamellsoße** und den **Vanilleextrakt**.
Vermischen Sie nun mit einem Rührgerät die **flüssigen** und die **trockenen Zutaten**, bis ein glatter Teig entsteht.
Verteilen Sie den Teig gleichmäßig auf die Cupcakeförmchen.

• Backzeit: ca. 20 Min.

Vermischen Sie mit einem Rührgerät das **Kokosfett**, den **Vanilleextrakt** und das **Öl**. Geben Sie nun nach und nach **Puderzucker** und **Backkakao** hinzu, anschließend die **Mandelmilch**, bis ein cremiges Frosting entsteht. Geben Sie das Frosting auf die Cupcakes und platzieren Sie z.B. Perlmuttzuckerperlen auf die Cupcakes.

CRAZY CREATIONS

CARAMEL POPCORN

FÜR **12** CUPCAKES

Zutaten

130 g Butter
1 EL Vanilleextrakt
200 g brauner Zucker
2 Eier
1 EL Zuckerrübensirup
120 g Mehl
½ TL Zimt
½ TL Salz
120 ml Milch
12 Sahne-Toffees

Frosting

340 g Butter
120 g Frischkäse
360 g Puderzucker
200 g Karamellsoße
70 g Popcorn

70 MIN

MITTEL

• Backofen auf 170 °C (Ober- und Unterhitze) vorheizen.

Vermengen Sie die **Butter**, den **Vanilleextrakt** und den **braunen Zucker** mit einem Rührgerät auf höchster Stufe, bis eine fluffige Masse entsteht.
Fügen Sie nun die **Eier** nacheinander hinzu, anschließend den **Zuckerrübensirup**.
Sieben Sie die trockenen Zutaten in eine weitere Schüssel. Geben Sie diese **Mehlmischung** abwechselnd mit der **Milch** zu der Buttermischung.
Geben Sie den fertigen Teig in die Förmchen und platzieren Sie in der Mitte jedes Förmchens ein **Sahne-Toffee**, das Sie leicht in den Teig drücken.

• Backzeit: 25–30 Min.

Lassen Sie die Cupcakes auskühlen, um anschließend das Frosting zuzubereiten.
Verrühren Sie die **Butter** und den **Frischkäse** auf höchster Stufe, bis die Masse fluffig wird. Nun folgt nach und nach der **Puderzucker**, anschließend die **Karamellsoße**.
Verteilen Sie das Frosting gleichmäßig auf den Cupcakes. Sie können jetzt noch etwas **Popcorn** auf das Frosting drücken.

SHARK BITES

FÜR **12** CUPCAKES

Zutaten

130 g Mehl
1 TL Backpulver
1 Prise Salz
¼ TL Natron
80 g Butter
150 g Zucker
1 TL Vanilleextrakt
2 Eier
80 g Buttermilch
Kirschmarmelade

Frosting

120 g Butter
230 g Frischkäse
1 TL Vanilleextrakt
480 g Puderzucker
blaue Lebensmittelfarbe
24 runde Schokokekse

70 MIN

MITTEL

• Backofen auf 180 °C (Ober- und Unterhitze) vorheizen.

Vermengen Sie in einer Schüssel das **Mehl**, das **Backpulver**, das **Salz** und das **Natron**. Stellen Sie die Mischung beiseite. In einer weiteren Schüssel schlagen Sie die **Butter** mit einem Rührgerät auf höchster Stufe für ca. 30 Sekunden. Geben Sie zunächst den **Zucker** und den **Vanilleextrakt** hinzu, anschließend die **Eier**.
Geben Sie nun nach und nach abwechselnd mit der **Buttermilch** die **Mehlmischung** dazu, bis ein fluffiger Teig entsteht.
Nun können Sie den Teig auf die Förmchen verteilen.

• Backzeit: ca. 15–20 Min.

Nachdem die Cupcakes ausgekühlt sind, schneiden Sie den Cupcakedeckel vorsichtig ab und legen ihn beiseite. Aus den Törtchen eine kleine Mulde herausschneiden, die Sie zur Hälfte mit der Marmelade füllen. Nun den Deckel wieder auf den Cupcake setzen.
Für das Frosting die **Butter**, den **Frischkäse** und den **Vanilleextrakt** auf höchster Stufe aufschlagen. Geben Sie nun nach und nach den **Puderzucker** hinzu und die **Lebensmittelfarbe**. Nachdem Sie die Cupcakes mit dem Frosting bestrichen haben, können Sie jeweils einen halben **Schokokeks** als Haiflosse in das Frosting drücken.

SWEET WATERMELON

FÜR **12** CUPCAKES

Zutaten

315 g Mehl
225 g Zucker
1 TL Backpulver
½ TL Salz
240 ml Milch
120 ml Rapsöl
2 Eier
120 ml Wasser
1 TL Vanilleextrakt
rote Lebensmittelfarbe
100 g Schokodrops

Frosting

230 g Butter
1 TL Vanilleextrakt
4–6 EL Milch
480 g Puderzucker
grüne Lebensmittelfarbe
50 g Schokodrops

50 MIN

EINFACH

• Backofen auf 180 °C (Ober- und Unterhitze) vorheizen.

Geben Sie das **Mehl**, den **Zucker**, das **Backpulver** und das **Salz** in eine Schüssel und vermengen Sie es.
Verrühren Sie in einer weiteren Schüssel die **Milch**, das **Öl**, die **Eier**, das **Wasser** und den **Vanilleextrakt**. Nun können Sie langsam die **Mehlmischung** hinzugeben. Rühren Sie, bis ein glatter Teig entsteht. Geben Sie nun noch die **Lebensmittelfarbe** und anschließend die **Schokodrops** in den Teig. Verteilen Sie den Teig auf die Förmchen.

• Backzeit: ca. 20–25 Min.

Für das Frosting die **Butter** und den Vanilleextrakt schaumig aufschlagen. Geben Sie abwechselnd die **Milch** sowie den **Puderzucker** hinzu, bis eine homogene Masse entsteht. Abschließend etwas **grüne Lebensmittelfarbe** dazugeben und gut vermengen.
Spritzen Sie das fertige Frosting mit einem runden Spritzbeutelaufsatz auf die kalten Cupcakes.
Die restlichen **Schokodrops** können Sie auf dem Frosting platzieren.

DIE CUPCAKE QUEEN

ANA LAURA MÜHLE BRAGA

EINFACH
MITTEL
KNIFFLIG

DIE CUPCAKE QUEEN

ANA LAURA MÜHLE BRAGA

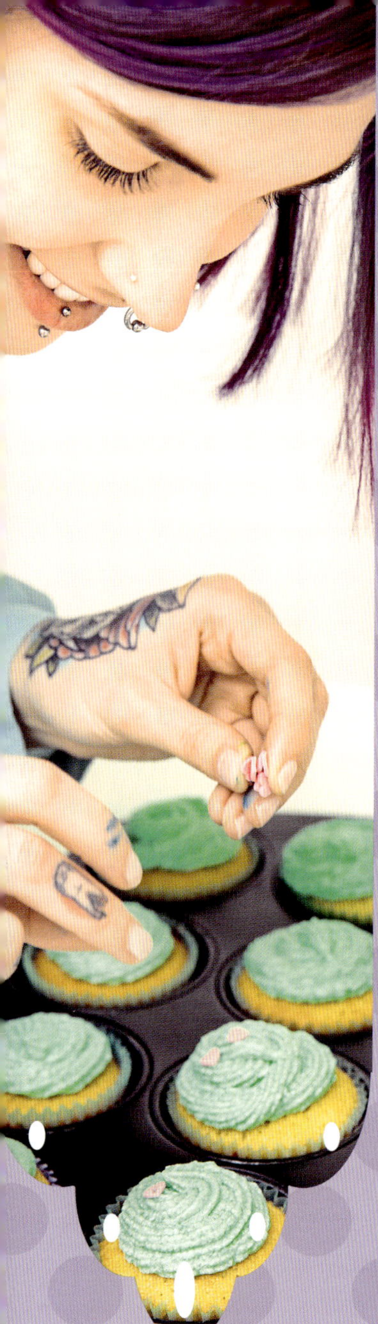

Ob fruchtig, schokoladig, klassisch, überraschend oder vegan – für jeden Geschmack hat Ana Laura das perfekte Törtchen parat!

IMPRESSUM

LV·Buch
im Landwirtschaftsverlag GmbH, 48084 Münster

Fotos:	Ana Laura Mühle Braga
Portraitfotos:	Jennifer Hoyer
Cutiepie-Schrift:	Denise Bentulan
Lektorat:	Saskia Thiele, Salzkotten
Gestaltung:	Ana Laura Mühle Braga
Titelgestaltung:	Krea'Tec – Grafik, Konzeption und Datenmanagement im Landwirtschaftsverlag GmbH, Münster
Druck:	Westermann Druck Zwickau GmbH

ISBN 978-3-7843-5337-1